별이 솟았다

별이 솟았다

조 규 수 시집

그림과책

■ 시집을 펼치며

초등학교 6학년 때 처음 읽은 책이 "상록수"였다.

그 책이 나의 머릿속에서, 내 몸속에서 떠나지 않고, 나의 살이 되고 피가 되었으며 책의 내용처럼 그렇게 살려는 노력이 늘 나를 괴롭혔다.

꿈을 꾸었다.

그래 네가 나의 살이 되고 피가 된다면 나는 결코 너를 버리지 않겠다고 꿈. 농부가 생명을 한 알씩 그리고 한 줌씩 땅에 심듯이 그리고 발아된 새싹을 사랑과 정성으로 물을 주고 비료를 주어 키우듯이 정성을 다해 글을 쓰는 시의 농부가 되고 싶었다.

다작도 아니요. 그렇다고 수작도 아니다. 다만 내 몸속 깊은 곳 폐부까지 내려가 그곳의 나를 끌어내려고 노력하고 있다. 결실의 양적 풍년보다는 질적 수확의 시를 가꾸는 농부가 되려고 한다.

그리고 내게는 항상 시와 精神的 지주가 되어주는 사단법인 한국현대시인협회 이사장 김용언 시인님과 글핀샘 문학회 글 동무 여러분께 깊은 감사를 드리며, 언제나 변함없이 믿어주고 지원해주는 아내와 가족에게도 사랑을 보냅니다.

2017년 초여름
물골안 컨텔에서

조 규 수

제1부 농부의 꿈

제2부 샤피니아

제3부 어머니의 수건

제4부 나의 기도

제5부 허공에 묻다

제1부

농부의 꿈

농부

농부는
생명을

한
알
씩

한
줌
씩
땅에다 묻었다

며칠 후
땅에서

별이 솟았다

민달팽이

민달팽이가
집을 구하러 길을 나섰다
맨손뿐인
민달팽이는 가는 곳마다
입이 떡 벌어졌다
엉금엉금
이곳저곳
다녀보아도
보이는 것은 놀라운 세상

그때
눈 앞에 보이는
철로변에 걸려 있는 현수막 하나
"달팽이도 집은 있다
역세권
한 평에 600만 원
마지막 기회"
왜
나는 마지막 기회까지도
누릴 수 없는
민달팽이가 되었을까

민달팽이의 삶

한 걸음 가고
앞뒤 한 번 쳐다보고

촉수 한 번 세워보고
둘레둘레 둘러보고

어느 세월에
갈 것인지
묻지 않아도

가고 싶은 곳은
꼭 가고야 마는
느려터진 민씨 집안의 달팽이씨

가진 것 하나 없고
급한 것 하나 없고
몸 숨길 곳
하나 없어도
유유자적 행복한 삶
입신의 경지일세

민달팽이의 정체성

나는
태어날 때부터
알았어야 했다
민달팽이 자식이라는 것을
철이 들기 전
알았어야 했다
민달팽이는
민달팽이만의 삶이 있다는 것을
결혼하기 전
알았어야 했다
민달팽이는
민달팽이와 짝지어진다는 것을
아이를 낳기 전
알았어야 했다
우리가 낳은 아기도
민달팽이라는 것을
개천에서
용이 나던 시절에는
개천물이 맑았다는 것도
알아야 했다
난 모르는 것이 너무 많았다
앗싸!

뚱딴지1

뚱딴지를 심었다

어릴 때는 배고파서 뚱딴지

자라면서 쑥스러워 뚱딴지

늙어서는 몸에 좋아 뚱딴지

뚱딴지2

뚱딴지를 심었다

노란 꽃이 피었다

아버지의 흐뭇한 표정

올해는 자식들이 좋아하겠지

아버지의 뚱딴지같은 생각

매실꽃

분홍꽃이 피었다
그 위에 하얀 나비가 입맞춤한다

꽃잎이 파르르 떤다
진통이 시작된다

금년 매실은
하얀 나비가 다 먹어 치웠다

토마토의 삶

꿈만 같다
노란 꽃이 피었다

꿈 같은 시간이 흐르니
빨간 열매가 토실하다

농부는 기도한다
햇빛에게도
바람에게도
사랑하는 사람의 편지처럼 날아오던
호랑나비에게도

달개비의 꿈1

달개비꽃아

꿈이 얼마나 푸르길래

얼굴마저

옥빛으로 물들었느냐

달빛으로 때로는 투명한 이슬로

꿈길을 닦았나 보다

달개비의 꿈2

달개비꽃 아름답다고

함부로 품지 마라

해 뜨고

이슬지면

그리움만 남느니라

달개비의 꿈3

이슬 내리던 날

채마밭이
점령당했다는 전갈이 왔다

달려갔다

으 - 윽
나를 위협하는
어머니의 영토를 점령한
반란군

화염방사기를 쏜 것 같은
에메랄드의 향기
숨이 막혔다

달개비의 꿈4

새벽이면
이슬방울로 단장하고
하늘 우러러보는 달개비

목마름을
참으며
달을 향해 엽서를 띄우지만
기다림은 고행이었다
달빛은 멀어
나무 위에 걸리고
바람에 흩어지니
달개비는 기다림뿐이었다
오늘도
내일도
기다림은 키를 세우고
목은 길어지고
바람 불어
슬픈 날
해가 떠서
슬픈 날
바람에 취해서 몸이나 흔들어 보자

잡초

지겹다
끈질기다

뽑아도 다시 솟고
베어내도 또 자라고

운동화 사고 싶어
빡빡 문지르고 또 갈아대도
닳지 않는 검정 고무신처럼

무식하다
버티고 있다

제초제를 뿌리고
두 발로 비비고
거꾸로 매달아 놓아도
고집불통

질리게 한다
수염처럼 빨리 자란다

어릴 적
배고픔처럼
밀려드는
놀라운 투쟁 정신

농부와 비

비 오는 날
농부는 흥겨워 한 잔

하늘을 쳐다보며
고맙다고 한 잔

땅을 만져보고
촉촉하다고 한 잔

풍년 든다며
행복해서 한 잔

사랑은 나눌수록 좋다며
친구 불러서 한 잔

비 오는 날은
한 잔이 두 잔 되고 두 잔이 세 잔 되고
그래서
만잔滿盞

세 알의 의미

꿈을 심는다
한 곳에 세 알씩
하나의 꿈은
계절과 기후를 관장하는
하늘 신에게 바쳐
날 것들에게 베푸는 사랑이고
하나의 꿈은
지력을 관장하는
지신에게 바쳐
땅에 기대 사는 것에게 건네는 따뜻한 정이며
하나의 꿈은
곡식을 가꾸는
수고하는 자들을 위하여
꿈을 키워주는 희망이다

하늘과
땅과
인간에게 주는 꿈의 모습은 달라도
모두가 하나로 어우러져
우주를 만들어 가는 꿈은 같다

귀농 별곡

논이야, 밭이야
그들이
나를 좋아할 수 있겠는가

내가
논이 좋고
밭이 좋아
함께 살려는 거지

처음 연을 맺은
고향이라지만
오래만에 손 내미니
그들도 낯설어 머뭇거리겠지

논이여, 밭이여
무릎 꿇고, 허리 굽히니
귀찮다 하지 말고
살갑게
두 손 잡아 주게나

혹시 아는가

내가 잘 나가는 귀농인이 되어
손을 맞잡고
덩실덩실 춤을 추는 날이
올 수도 있음이야

호박

누구에게
호박이라고
말을 할 수 있을까

못생긴 듯
예쁘고
별맛 없다 하지만
달콤한 맛

세상에
호박보다
더 호박 같은
맛을 내는 호박이 또 있을까

새로 쓰는 농업 사전1

어머니
당신이 쓰신 농업 사전은
오래전에 막을 내린 연극 같은 것입니다
당신께 드릴
농업 사전을 새로 쓰고 있답니다

0. 감자
감자 세 알이면 허기진 배 채울 수 있다며
어머니 텃밭의 주인이라고 으스대던 감자
지금은
극장가에서 연인들이 나눠 먹는
심심풀이 튀김과 양식당의 주변 메뉴 신세가 되었습니다

0. 옥수수
주인의 정성을 먹고 사는 옥수수
촌놈의 주식이라고 천대받더니
지금은
산새 소리, 바람 소리, 아기 고라니
어우러져 살아가며
전 국민이 즐겨 찾는 천하일미 대접을 받고 있습니다

0. 호박
애호박 하나, 밀가루 한 되
장맛비 시작되는 날
어머니는 애호박전 냄새를 마을에 퍼트리셨지요
못생기면 호박꽃이라 하지만
아버지와 막걸리 앞에서는 여왕이었지요

0. 참깨
알리바바와 40인의 도둑들의 보물창고 비밀번호를
밭에다 심었더니
창고 문이 활짝 열려 황금 열매 되어 돌아왔고
고소한 그 맛
엄마 얼굴을 핥은 천년의 향이옵니다

0. 고구마
줄기가 무성하면 달린 것도 많다더라
돼지 불알, 쇠불알, 아기 머리통
제멋대로 생겨
배를 채워주는 구황식품이라고 천대받더니
항암의 효과가 있다는 이유로

예쁜 여인들이 즐겨 찾는 먹을거리가 되었답니다

어머니
못 먹고, 못 입고, 못 배우고,
부족하고 한 많은 세월을 살다 가셨지요
이제는
넘쳐나는 풍요와 부족함 없는 삶을 드리려 하니
다시 한 번 돌아오세요

새로 쓰는 농업 사전2

어머니
당신이 쓰신 농업 사전은
이제는 박물관에 보관되어야 할
유물이 되었습니다
당신께 드릴
유물에 관한 농업 사전을 새로 쓰고 있답니다

0. 똥 장군
외출 중이라도 변을 보고 싶으면 집에 들어와 변을 보아야
농사 거름을 모을 수 있다고 하셨지요
어머니
이제는 똥 장군이라는 말을 아는 사람들이 없습니다
요즘은 변이 생각나면 밖에서 일을 보아야 한답니다

0. 지게
아들이 태어나면 아버지는 지게부터 장만해야 든든하고
세 돌이 되면 지게를 지는 연습을 시켜야 한다고 하셨지요
이제는
남대문 시장, 동대문 시장
지게꾼들의 생계를 위한 도구가 되었습니다
이제는 지게 없는 세상이 되어

농부의 등짝이 호사를 하고 있습니다

0. 호미

호미 하나면 밭을 파서 씨앗을 심고
김매기를 할 수 있고
힘들 때면 장단을 맞추는 악기로 사용한다던 호미
이제는
초보 농군과 주말 농부들이 토닥거리는 운동기구 정도로
이용되고 있지요
앞으로는 농업 박물관 앞자리를 차지하는 신세가 될 것 같습니다

0. 낫

낫이 있어야 곡식을 거두어들이고, 소먹이 꼴을 베고
땔나무를 하는 줄 알았고, 낫이 없으면 죽는 줄 알았지요
"낫 놓고 기억 자(ㄱ)도 모른다"는 말도 있지요
요즘에
낫이 무엇에 쓰는 물건인지 모르는 사람들이 사는 세상이 되었습니다.
어머니도 이제는 잊으세요
낫 놓고 기억 자(ㄱ) 몰라도 됩니다

사다리 놓고 에이(A) 자를 알아야 합니다

0. 풍구
대장간에서 사용하면 풀무라고 하고
농사일에 사용하면 풍구라고 하였지요
콩, 팥, 보리, 벼, 깨 등 탈곡할 때 먼지나 껍질을 골라내는데
없어서는 안 되는 기계였지요
어머니
지금은 눈 씻고 봐도 찾기 힘들어졌습니다
태양이 뜨겁게 내리쬐는 날 풍구를 돌려 어머니한테 시원한
바람을 보내겠습니다

어머니
힘으로 때우고, 몸으로 부딪쳐야만 살 수 있는
육체적 노동과 고통의 세월은
잃어버린 망각의 세상에 존재하는 시대가 되었습니다
지금은
육체적 고통 대신, 육체 단련으로 소일거리의 기쁨을 찾아
농사를 지어가는 새로운 삶을 드리려 하니
다시 한 번 돌아오세요

새로 쓰는 농업 사전3

어머니
당신이 쓰신 농업 사전에
산나물로 기록되어 있는 것들은
비닐하우스에 가야만 뜯을 수 있게 되었습니다
당신께 드릴
산나물에 대한 농업 사전을 새로 쓰고 있습니다

0. 원추리
봄에 원추리 된장국을 훌훌 마시면 배도 부르고
미끈한 미역국을 먹는 기분이라 잘 넘어간다고 하셨지요
이제는
산에는 원추리가 없고
국도변 공해 속에 심어 놓고 꽃을 피워
사람들 눈요기시키는 원추리만 있습니다

0. 산더덕
톡! 하고 건드리면 향기가 퍼져 코를 벌름거리게 되고
나물꾼들 마음 뿌듯하게 만들어 주는
임산물의 최고 가치를 자랑하던 산더덕
하지만
자연산은 없어지고 산속에 들녘에 사람들이 뿌려놓은 것과

중국에서 들여온 더덕만 있답니다

0. 돌미나리
웅덩이 물줄기 따라 청초하게 돋아나서
물김치, 돌나물김치로 입맛을 살려주는 돌미나리
이제는
돌미나리는 하나도 보이지 않고
물 논에서 키우는 미나리가
'내가 제일 맛있는 미나리올시다' 하면서
시골 장터의 안방마님 노릇을 하려고 합니다

0. 고사리
고사리나물은 쇠고기보다도 맛있다고 하시면서
제사상에도 올라가고,
전 부침에도 들어가고, 육개장에도 넣고
아주 귀하고 품위 있는 나물이라고 하셨지요
어머니
요즘은 중국산이 수입되어
귀하다는 고사리가 장터마다 널브러져 있어
신토불이 고사리는 귀하신 몸이 되었답니다

0. 수리취
'삼월에는 수리취 범벅' 범벅 타령에 들어갈 만큼 흔하고
사람에게 좋은 수리취라고 하시면서 떡을 만들어 주셨지요
그런데
지금은 산에 풀이 무성하여 자랄 수가 없다고 합니다
가끔 시골 5일장에서 나타나서
천연기념물처럼 귀하신 몸 대접을 받는다고 합니다

어머니
쌀밥보다는 산채 밥을 더 많이 먹어야 했고
맛보다는 배를 채우기에 급급했던
어려움을 사명으로 여기고 살다 가셨지요
이제는
밥과 고기가 지천으로 넘쳐나는 시대가 되었고
배고픔의 고통 대신 살 빼는 고민을 하는 시대가 되었습니다
새로운 풍요의 시대를 드리려 하니
다시 한 번 돌아오세요

제2부

샤피니아

하늘

하늘은

여인의 마음을

보쌈해다

놓은 것이다

길

길이 누워있다
밟혔다
죽었다
벌떡 일어나 달려들었다

다시
그대로
제 자리에 널브러져 있다
죽은 듯이

봄

계절이
잉태되었다고
졸졸거리며 알려 주던 너

사계四季를
향한 출발선에서

성급한
사람들의 인내심을
시험하는

미동의
첫걸음을 내딛게 한다

봄으로부터
계절의 경주는 시작되었다

호수

호수는

햇빛

달빛

마음

머금은 거울

새벽달

하얀
박꽃을 닮은
새벽달은
자식을 기다리는
어머니 마음

하얀
박꽃을 닮은
새벽달은
자식의 출세를 비는
어머니 얼굴

유채꽃

5월의 유채꽃
봄과
춤바람나더니

얼마 후
배불러지고

향기를 출산하여
세상을 뒤덮었다

세상 사람들
소식 듣고 모여들어
손가락질하고
들통났다고 쑤군덕거린다

애기똥풀꽃1

노란
작은 둥지
그 속에 내가 있다

귀향길 풀숲에
나자빠져
속으로 빠져 버렸다

아기똥이
몸에
묻어난다

눈부시도록
향긋한
똥냄새가 나를 사로잡는다

그 속에서
오래오래
살고 싶어
자맥질도 하지 않았다

결국

나는

나르키소스가 되었다

애기똥풀꽃2

6월,
노란 리본들이
천지를 수繡 놓았다

냄새를 풍길 것이라는
미리 짐작 때문에
애기똥풀 꽃은 저만치 혼자 울고 있다

똥 냄새도 나지 않는 울음이었다

바닷가 모래밭

바닷가
금빛 찬란한 모래알들이
큰 귀를 세우고 있다

어떤 모래알은 사랑 노래
어떤 모래알은 행복 노래
어떤 모래알은 이별 노래를

흰 거품이 다가와
씻어줄 때까지
사람들이 흘리고 간
사연들을 꾸역꾸역 담고 있다

수천 년 동안

소태청

쓰다
소태청
너무 쓰다

소태청을 만든
마음도 쓰겠지

우리 어머니
시집살이만큼이나

우리 마누라
잔소리만큼이나

알몸으로 시작한
인생살이만큼이나

쓰다
정말 쓰다

입에 쓴 게 몸에 약이지만

*소태청 : 소태 나뭇잎을 따서 가마솥에서 끓여 건져낸 다음 그 물을 졸여
엿처럼 만들어 환으로 지은 것
*소태나무 : 소태나뭇과의 낙엽 활엽 소교목. 높이는 4미터 정도이며, 잎은
어긋나고 깃모양 겹잎이다. 6월에 누런 녹색 꽃이 취산聚繖

미시령 옛길

그날이 그리워
바람의 손짓 따라나선
미시령 옛길

굽이굽이 생긴 대로
흔들리며 가다 보면
사랑이 꿈틀대는
밀당의 꼭지점

정상에 오르니
모꼬지 장터는 흔적 없고
붉게 야윈 철주망
골절된 아스팔트만 묵례를 하고 있다

꿈을 꾸던 시절의
새끼손가락의 묶임
바람 따라
홀씨 되어 떠올랐다

울산 바위에
해송밭에

동해바다에
홀씨가 둥지를 트는 시간
나의 추억도 잠들었겠지

백 년의 약속
미시령 정상에서
바람을 등에 업고
부피 없는 하늘을 안아 보리라

마지막 잎새

여물어 가는 낙엽 사이로
소슬바람이 뿜어내는
가을 향기
사랑하는 이의 채취를 닮아 간다

낙엽은
한 잎
두 잎
겨울을 향한 잰걸음질하면서

변화의 시공時空 속에
담겨 있는
정체성을 배워가지만

하늘 가까운 크레인에서
생존권을 위해
부르짖는
노동자의 외침처럼

겨울을
거부하는

마지막 잎새의
생사의 투쟁은
새로운 세상을 갈망하며
생명을 던진
동료들의 존재감을

맘으로
몸으로
울부짖고 있습니다

"마지막 잎새도
따뜻한 사랑이 필요합니다"

갈바람

살랑살랑
잎새와 춤을 추고
간들거리며
가을의 입술을 훔친다

붉어진 얼굴
나무 뒤로 숨기고
왜틀비틀
세상을 떠도는 갈바람은

사랑 찾아
떠도는
계절의 미아
한풍寒風을 싫어하는
베짱이의 긴 한숨소리

*왜틀비틀 : 몸을 자꾸 흔들고 비틀거리며 걸어가는 모양을 나타내는 말

갈바람의 생각

어 – 이
어 – 이
마지막 잎새의 흐느낌이 강했다

오금 저린
최후의 반항이었다

떠난 후
헐벗을
나무에 대한 사랑이었다

끝내
갈바람은 나의 삶을
송두리째 쓸어 갔다

눈물의
동토 속으로

겨울의 죽음

잔설 위에
겨울이 누워있다

서러워
괴로워
흘린 눈물은
삼일도백이 간 새색시
보내기 싫은 어미의 마음

계절의 죽음을
예견하는 듯
밑으로
밑으로
파고드는 겨울의 슬픔

꽃이 피고
낙엽 지고
찬바람 부는 날

환생을 위해

겨울은
길거리에 널브러져
까맣게 죽고 있다

그해 여름

그해 여름은
태양도 뜨거웠고
지구도 달아올랐고
마음도 불타고 있었다

반바지와 비키니
초록색 모래 위에
들떠있는 구름과 바닷새

땀으로
그려낸 하트를
잘게
잘게
부셔내는 어린 파도

사랑을
만들고 지우다
늘어진 파도가
모래톱을 베고 잠든 시간

첫정 쑥스러워

가슴 떨리고
온몸이 녹아내리는 전율
밤바람 따라
갈피를 잡지 못하던 갈등의 시간들

타오르는 열정에
달궈진 몸
요동치던 파도 소리
하트의 파열음과 카오스의 시간들

심해로 잠수했다
다시
오대산
대뇌 속에 꼭꼭 숨겨진
씻기지 않는 트라우마는
지금도 그 여름을 기억하겠지

코스모스 꽃밭에서

한강변에 코스모스
만발했다
곱고 예쁜 모습
내 여인을 닮았다

그 여인을
아는 사람들은
한강 변을 외면하면 좋겠다

코스모스에 반해서
모두 내 여인을 사랑한다 하면
나는 어찌할지

보고 싶다고
문자만 뿅 뿅 보낼 뿐
당장 달려가
해후할 수도 없는데

단풍 단상

돌아올 날을
잊지 않고
물들었구나

첫사랑 그녀가
즐겨 입던
옷처럼

하지만
단풍은 추억만 칠해 놓고
겨울 속으로 가버렸다

그 여인이
그랬던 것처럼

며느리 밑씻개

아픔과
서러움이었더라
그리고
한恨이었더라

길가에
들가에
냇가에
그리고 집 가에서
매달리고
애원하고
호소하고

뒤품에 묻어나오는 징험

뿌리치고
야단치고
펄펄 뛰는
시어머니의 노여움이
입안 가득 신맛으로 녹여 내니

가시 찔린
며느리는 미풍에도 벌벌벌

오늘도
비취색 눈망울만 끔벅이더라

들국화

어머니
귀뚜라미 우는 밤이면
은하수를 따다
다식을 찍으셨지요

큰 손자가
좋아하는 흰 다식

작은아들이
즐겨 먹는 갈색 다식

막내며느리가
너무 예쁘다고 호들갑 떨던
분홍 다식

혹시나
찾아올
자식을 위해
정성으로 곱게 찍어

갈바람 향기를 묻혀

싸리문 밖
들국화 가지 끝에 놓아두셨지요

꽃비

꽃비가 내린다

나비 한 마리
살며시 날아와 앉는다

첫날 밤
새색시처럼
분홍빛 모습

한 걸음
한 걸음
다가와

얼어붙은 마음 위에
말라버린 정서 위에
향기를 얹는다

꽃비의
풋풋하고 달콤함으로
또 하나의
계절이 일어선다

샤피니아

보라색 입술
핑크색 연지 바르고
새초롬히 앉아 먼 하늘 바라보는
꿈꾸는 아가씨

흔하지만 아름답고
향기롭지만 유혹하지 못하고
달려가고 싶지만 뛸 수 없는 삶

봄바람 속에
임의 향기 오려나
오늘도 그녀는
분 바르고 길가에 서 있다

장마

어제는
마음을 녹여주는 비

오늘은
마음을 긴장케 하는 비

벌꺽벌꺽
장마를 마신
대지가 휘청거린다

내일은
따가운 햇살로
해장을 했으면 좋겠다

대지의 속병을
확 쓸어갈 수 있도록

제3부

어머니의 수건

어머니의 수건

낮이나 밤이나
머리에
항상 흰 수건을 쓰고 계셨지요

땀이 나면
땀을 훔쳐내고

눈물이 나면
눈물을 닦아주고

한숨이 나면
누가 볼까 두려워 입을 가리고

눈 감고,
귀 막고,
입 닫고
하늘나라로 가시면서
흰 수건을 벗어 내는데
60년이 걸리셨네요

아내1

처음 보았을 때
내가 반했다

결혼했을 때
사랑스럽게 예뻤다

자식을
낳았을 때
업어주고 싶었다

오래 살다 보니
정말 예쁘다

열반에 들 땐
나와 함께 영생할
집을
내 손으로 지어주고 싶다

아내2

구수하다

짭잘하다

군내가 난다

아내는

오래 묵은 장맛 같다

가시가 있다

아내3

이른 봄 아지랑이
불꽃
그러나, 투명한 마음을 가진 여자

장마철에
소나기같이
퍼붓기 시작하면 일을 내는 여자

가을에
야위어진 낙엽처럼
가볍게 떨고 있는 여자

나목裸木이 좋아
그의 어깨를 타고 앉아 노는
습한 눈덩이 같은 여자

봄, 여름, 가을, 겨울
다른 바람으로 살고 싶은
계절을 즐기려는 여자

이런 여자가
내 아내

장미 한 송이

부부 싸움이 벌어졌다
티끌 같은 불씨가 산불로 번진다

남편은 적수가 못 된다
한숨만 푹푹 내쉬고

아내는 폭포처럼 쏟아붓더니
텔레비전 속으로
들어간다

아들이 한 말 거든다
"아빠,
빨리 장미라도 한 송이 가지고 와서
사랑 표현을 하세요"

"아들아,
우리 집에 장미보다
백배 천배 더 예쁜 꽃이 있는데
장미 한 송이 가지고는 택도 없다"

나비 날다

흰 나비가
사뿐사뿐
꽃 위로 춤을 춘다

너울너울
춤을 추며
그리움을 속으로 날아간다

나비야
날아라
꿈의 텃밭, 꽃을 찾아

나비야
날아라
하늘 높이

너의 고운
향기 묻은 사랑을 품어
웃음꽃 피어나도록

아스라한 날갯짓은
엄마의 환생이었다

어머니께 바치는 노래

어디에 계시든
자식에게 눈을 떼지 못하고
우리의 마음이 되고
신호등이 되고
꿈이 되시는 어머니

남들보다 앞서기보다는
먼저 밀어주고
발길을 떼어 놓으라고 일러주신다

당신은
자식을 변변히 가르치지 못했고
잘 먹이지도 못했고
좋은 옷 못 입혔다고
미안하다며 날마다 꼭 안아 주신다

당신의 고통을 밑거름으로
이만큼 자랐으면서도
삶이 고단하고 피곤할 땐
한 번 더 불러 보게 된다

어머니

다이아몬드처럼 빛을 내는
팔도에서 모인
사백여섯 척 보물선의 선장들
현충원에서
자식을 조국에 바친
헌연軒然한 어머니를 보면서 눈물 흘렸고
안중근 의사를 만나 가슴 벅찬 희생의 의미를 배웠고
그의 어머니 편지에서
내 어머니를 만나듯
뜨거운 눈물로 자식 된 도리를 다짐하고
파독광부와 간호사들을 만나
조국의 의미와 나라 사랑을 배웠습니다

지지당 송흠 선생을 통해서 목민관의 자세를 알게 되었고
아곡 박수량 선생의 백비에 참배를 하며
청렴한 공직자의 자세를 다짐하면서
뜨거운 가슴을 만들었습니다

지리산 노고단에서

천상의 명命으로 대한민국의 기상을 받았고
남해 금산 보리암에서
우리나라 만세를 외치며 기도를 올렸습니다

강산이 세 번 바뀌는 짧지 않은 시간들
어렵고 힘들었지만
이겨낼 수 있었고
지금 이 뿌듯한 뭉클함을 느낄 수 있는 것은
언제나 지켜봐 주시는

당신의
사랑의 힘입니다
생의 아픔이 있을 때마다
목 놓아 불러보는 어머니

당신이 원하시는
관官을 쓰기 위한 치장은 끝났습니다

목마른 사람에게는 감로수를
아픔이 있는 곳에는 치료사를
정이 필요한 곳에는 사랑을

변화가 필요한 곳에는 새로운 생각을 주는

관官을 쓰고만 있지 않고
살아 움직이는 관官이 되고

편안한 의자에 앉아서는
아무것도 할 수 없다는 것을
숭고한 마음에 새겨
대한민국을 인도하는 파란 신호등이 되겠습니다

어머니
사랑합니다

*사무관 교육 수료 축시 : 안전행정부 지방행정연수원 수료식에서 낭송

사랑

사랑은

처음이요

마지막이다

사랑은

현실이며

꿈이다

편지

"귀 막고 삼 년
눈 감고 삼 년
입 닫고 삼 년" 살아라
"딸
무슨 말인지 알겠지"

신혼 가방 속에 실려 온
어머니의 눈물 어린 편지

지금은
새 주인을 따라
다른 곳으로
이사를 보냈다

눈물을 보태서

부부

우리 처음 만났던 날
서로는 빛나는 눈을 보았습니다

말을 할까, 어떻게 할까
망설이며 고민했습니다

떨리는 가슴으로
살포시 손을 잡던 날
가느다란 느낌이 있었습니다

지금 우리는
사랑을 나누는 부부가 되어

영원히 변치 않을
달콤한 언어로
밀어를 속삭이는
행복한 단짝이 되었습니다

눈빛의 크기로
사랑을 확인하는
원앙이 되었습니다

열세 개의
큐피드를 가슴에 안고
예쁜 두 송이 꽃을 피운
행복한 한 쌍이 되었습니다

극히 작은 것에서 행복을 느끼는
제우스도 시샘하는
영원한 바우키스와 필레몬이 되겠습니다

*바우키스와 필레몬 : 그리스 신화에 나오는 부부로 너무나 사이가 좋고 행복하게 살아 신들에게 사랑을 받았으며 제우스신에게 영원히 둘이 살 수 있도록 해달라고 소원을 빌어 제우스신이 바우키스는 보리수로 필레몬은 떡갈나무로 태어나게 하여 영원히 행복하게 살았다고 하는 부부.

아빠와 아들

열대야가 기승을 부리던 날
늦은 밤

아버지는 족대를
아들은 랜턴과
노란 주전자를 들고
마을 앞 개천으로 간다

아들은 불을 비추고
아버지는 족대를 들이대고
맑은 눈 고기를 잡아 올린다

낮술 한잔하신 아버지는
이리 비척 저리 비척하면서도
고기는 잘도 잡으시지만

아들의 눈에는
아버지가 신기하기도 하다
술 냄새에 취한 것 같기도 하고
아들을 위해 개그를 하는 것 같다는 생각을 한다

다리 난간에 걸터앉아
그 모습을 지켜보던 달도
웃음을 참지 못해 낄낄거리다
개천에 거꾸로 처박혔다

아버지는 껄껄껄
아들은 호호호
달도 하하하
지나가는 바람은 낄낄낄

젖은 옷을 치켜대며
달에 끌려 집으로 향하는
부자를 바라보는 여름밤은
더위와 함께 깊은 잠에 빠져들 채비를 하고 있다

탄생

고통과 기대
원망과 인내

태극이 분리되는 순간

눈물과 핏물
기쁨과 환희

응 - 애
응 - 애
모두가 용해되었다

눈빛으로 빛났다

*2011. 9. 26 외손녀 황서현의 탄생

고향1

버렸다

찾았다

모두가 새롭다

보이지 않는

아쉬움만 가득하다

고향2

바람과
물과
오리나무는 남아 있는데

떠나고
또 떠나고
모두 떠났다

어머니도
아버지도
형님과 친구들도

그리고
보릿고개까지도
남김없이 떠나고

장승처럼 서 있는
낯선 얼굴만
빳빳이 서서
무엇하러 왔느냐며

돌아온 길손에게
계면쩍은 미소로
잊힌 추억들은 없는 거라고
주절거린다

고향3

술동이를 이고
앞산으로 마구 달려가며
밀주단속원을 따돌리던
명수네 아주머니

장작과 청솔가지를
볏짚으로 가리며
산림감수 떴다고
이장 방송하듯 떠들어 대던 봉산 엄니

서석이네
재수굿한다고 동네방네 다니며
굿 구경 가자고
동네 아주머니들 꼬시기 하던
두성이 모친

여름날 저녁이면 빨래터에 모여
훌훌 벗어 던지고
땀에 찌든 몸 씻어내며
하루를 살았다고 떠들어 대던
아줌마들

이승을 떠나며
밀주단속원
산림감수
동네 꽃무당
빨래터
배고픈 보릿고개를 넘지 말고
차라리 죽고 싶다던 말까지
모두 이고, 지고, 안고, 끌고 가셨다

그들이 남겨준 자리에는
아스팔트라는 검은 두려움과
이웃이라는 낯섦과
마트라는 나태함과
남은 자의 허전함이
길가 옆 작은 카페에 앉아 졸고 있다

병상 일기1
-生과 死

여보
여보
정신 차려요, 이게 뭐야
차에 불이 났나봐 빨리 내려요
아내의 울부짖는 소리에 정신이 들었다

구급대원들의
한숨 섞인 소리가 들린다
"큰일 났어요, 뚜껑이 너무 많이 열렸어요"

붕대로 감기는
아내의 머리에서
샘이 나듯 솟아나는 끈끈한 점액질
어둠 속의 아비규환이다

내가 있는 곳이 어데일까
길가에 퍼진 아내가 삶의 끝자락에 매달린 것 같다

미안해
엄마, 미안해
딸의 울부짖는 소리가 허공에 울려 퍼진다

가늘게
아주 가늘게
숨을 이어가는 소리,
흐! 흐! 푸!

순간
살아있구나 하는 안도감에
내가 살아온 삶이 드라마처럼
슬라이드 되어 눈앞을 스치며

두 눈을 타고
폭포수처럼 쏟아져 내리는
무색의 액체를 어둠과 함께 훔쳐낼 때

119구급 차량이 비상등을 켠 채
'앵 앵 앵'
살려야 한다는 소리를 지르며
어둠 속을 질주하고 있다

병상 일기2
―응급실

요란한 사이렌 소리

절규하는 가족들

피비린내와
정체를 알 수 없는 냄새들

“철퍼덕, 퍽”
응급실 판정관이 꺼져가는
촛불을 살려내려는 심폐소생의 소리

백의천사들
손에 쥐어진 생명의 바늘
파고드는 생명수

길거리에서 묻혀온
죽음의 신들과 사투를 벌이며
삶의 끈을 놓지 않으려고 발버둥 치는
최후 발악의 천둥소리

근심에 가득 찬

눈동자들

작은 미소 뒤에는
안도의 한숨이 있고

대성통곡의 몸부림 뒤에는
죽음의 그림자가 덮쳐온다

응급실은
이승과 저승의 갈림길
장미꽃과 국화꽃이 피어나는
갈림길이다

병상 일기3
–합방

부부가
옆으로 머리를 맞대고
한 병실에 누워 끙끙거린다

찰나에
극락과 지옥을 함께
돌아보고 왔다

살기 위해서 울부짖던 순간들
이제는 우리가 이겨낸 무용담이 되었다

하루에 열 번
어쩜 스무 번
틀어 놓으면 자동으로 돌아가는 테이프가 되었다

우리 가족을 향해
달려왔던 죽음의 그림자
한 병실에 누워
끙끙거리는 우리 가족의 힘에 밀려
다른 곳으로 도주하고 말았다

여보
우리가 지금처럼 오랜 시간을 함께한 적이 있나요
히히히!
철없는 아내

나는 웃다가
가슴 통증을
이겨내지 못하고 찔끔 눈물을 흘렸다

병상 일기4
–존재 이유

창 밖에 비가 내린다

겨울을 알리는
올해의 마지막 가을비다

모자를 쓴 것처럼
머리에 붕대를 감고 끙끙거리다
겨우 잠든 아내 얼굴이
검게 멍들어 판다곰같이 보인다

똑, 똑, 똑,
친구, 회사 동류, 친족
근심 어린 표정들
내가 존재해야 할 이유다

그들의 눈빛이
폐부 깊숙이 파고들어
내 심장의 혈액이 되고
혈액 속의 적혈구가 되었다

구원해 주시려고

피와 고통을 원했던
나의 신
위로와 격려를 보내주신
모든 분들께 감사드리며

작은 수고로
큰 행복을 영위해온 나의 삶
빚을 갚으라는 시간을 준 것으로 알고

동토의 피가 되는
마지막 가을비같이
잔여 생애를 영위해 나가겠습니다

당신의 길

어머니
이 길은
당신이 신랑을 따라왔던
아이들을 업고
먹거리 자루와 물동이를 이고 다니던 길이지요

어머니
이 길은
당신이 푸성귀를 안고 넘어 다니고
호미를 차고
거름 등짐을 하던 길이지요

어머니
이 길은
소리치며
울며
울며 다니던 길이지요

어머니
이 길은
빨리 가려고 질러가던 길

주저앉아 울고 싶었던 길이지요

어머니
이 길은
다시는 가고 싶지 않았던 길일 수도 있지요
나의 길이 아니라고 자책할 때도 있었던 길이지요

어머니
당신이 이런 길을 마다치 않고 닦아 놓은 것은
자식들이 가야 한다는 것을 알기에
눈물과 땀으로 만들어 놓으셨지요

이제 자식들이 편하게, 쉽게,
콧노래 부르며 달릴 수 있게 되었고
당신의 아픔과 고통이 자식의 기쁨이 되고 행복이 되었습니다

하지만
당신의 사랑에 작은 눈물만 흘릴 수 있을 뿐
어머니를 위해
할 수 있는 것이 아무것도 없는

그래서 더욱 슬픈

당신이
그토록 애지중지 키워놓은 자식이랍니다

용서하소서
모든 것 내려놓고
편히 쉬소서

지금 이 자식도
어머니의 길을
따라가고 있습니다

성묘길1

어머니

당신의 두 번째 소망

반짝이는 빛이 되어

엎드려 뵙고 있습니다

이제

당신을 지키는 바람이 되겠습니다

성묘길2

어머니

오직 자식을 위해
살아오신 세월
이제는 아무 걱정하지 마세요

당신의 자식들
모두
소망 이루고

반짝이는
빛이 되어
부끄럼 없이
당신 앞에 조아립니다

이제는
우리들이
쑥부쟁이와 바람이 되어
어머니 곁을 떠나지 않고
언제나 함께하겠습니다

어머니
근심 걱정은
지옥에나 던져 버리세요
당신의 기도 만큼
자식들은
등불로 밝게 빛나고 있습니다

도둑의 형량

그녀는 언제나
이쁜 척
잘난 척
가진 척
배운 척

항상 화려한 척
잘 나가는 척
이 세상을 모두 품은 척
화려한 몸짓을 했지만

그녀가 할 수 있었던 것은
잘나지도
가진 것도
화려하지도 않은
목석의 마음을 도둑질하는 것

그녀는 결국
그것을 훔친 죄목으로
체포되어
백년해로 형을 선고받고
영어囹圄의 몸이 되었다

제4부

나의 기도

나의 기도

아침에 일어나
잠자리에 들 때까지
어리석은 유혹에 물들지 않게 하소서

나와 가족이
매 순간마다
거짓과 교만에서
멀어질 수 있도록 이끌어 주소서

나보다는 가족을
가족보다는 이웃을
진심으로 사랑할 수 있도록
따뜻한 마음과 사랑을 주소서

태어나면서부터
지금까지 지은 죄
눈물로 참회하오니
다시는 죄의 그늘에 서지 않게 하소서

언제나 밝은 미소로
이웃과 더불어

세상 이야기를 하며 살 수 있게 하소서

원하옵건데
우리 가족이 윤회 없는 열반에 들 수 있도록
믿음으로 인도하소서

만남

좋은 날
우리의 첫 만남은
사랑의 시작입니다

나는
당신을 만난 기쁨에
평생 쓰고도 넘칠
행복한 미소를 얼굴 가득 만들어

절반은
당신에게 드리고
절반은
세상 모든 사람과 함께 나누겠습니다

당신과의 만남이
아름다운 추억으로
영원히 함께할 수 있기를
기도하는 마음으로

네가 좋은 까닭

너를 보면
기분이 좋아진다

너를 보면
웃음이 난다

너만 보면
눈물이 난다

이것이
네가 좋은 까닭이다

친구의 법칙

술을 좋아하는
친구한테서는
술 먹는 방법을 배우고

놀음을 좋아하는
친구에게서는
놀음하는 방법을 익히고

바람기 가득한
친구한테서는
바람이 부는 방향을 알게 되지만

사랑을 아는
친구한테서는
사랑하는 법을 알게 된다

책을 가까이하는
친구에게선
사람 사는 방법을 배우게 되고

그래서부모님은우리들에게날마다말씀하시길친구를잘사귀어

라네가목숨을주어도아깝지않은친구를꼭사귀어야한다고말씀하시며공부잘하는것보다는친구잘사귀는것이훨씬좋다고하셨다친구의법칙은친구따라강남간다는말이탄생하는근원이되었다

인생

비행기
울음소리 시작된다
모두가 관심을 갖는다

비행기
울음소리 멈춘다
모두가 내려앉는다

여행은 끝났다
귀향한다

내가 빚어진
황톳빛 더미 속으로

자화상1

가을 산에

단풍이 들 때

내 얼굴에는

검버섯이 자란다

자화상2

뜨거울 때에는
살짝 물러서고
차가울 때에는
한 발짝 다가서고

한 계단 오를 때는
세상이 환하게 보이고
한 걸음 뒤처질 땐
모두가 어둠이었다

이만 일천 구백 개의
해와 달이 지나고
뒤를 돌아본다

뒷동산 바위 밑
샘터의 도롱뇽처럼
바위에 기대고
샘물에 비춰보며
내 모습만 보고
이것이 세상인 줄 알고 살았다

결국
나르시시즘에 빠져
수선화가 되었다

나는 우물에 빠져
꼬리가 나기 시작한 개구리였다

눈 내리는 날 나는 그녀를 버렸다

눈이
눈 앞을 가리며
까만 길을 따라 내린다

고운 임
기다리다 그리움에 지쳐
임 찾아 나선
민들레 홀씨처럼
훨훨 날아 내린다

늦은 봄
사랑을 찾지 못해 버림받은
벚꽃잎 떨어지듯
펑펑 쏟아져 내린다

대지 위에 쌓이고
맘속에 쌓인
눈의 높이만큼
그녀를 향한 그리움은 커져가지만

눈을 밟으며

그녀를 버린다

눈 내리는 날
내가 그녀를 버린 것은

눈 위에 새겨진
발자국 속에
선혈처럼
뚝뚝 떨어지는
그리움을
영원히 묻어야 하기 때문이다

동네 한 바퀴

눈에 보이는 것들
모두가 나를 향해 손짓하는 것들

하수구, 쓰레기, 나무 조각, 풀 조각
병 조각, 콘크리트 조각
그리고 사람들

항상 나를 따라다니는 것들
수식어
그리고 또 수식어

항상 나와 함께 하고픈 것들
일
그리고 또 생각

오늘도 이마 위에, 얼굴에
그리고 목 주위를 타고 흐르는
진주알 같고 투명한 것들

내가 거두어야 할
내가 뿌린 씨앗들과

내가 지나간 자리를 지키는 것들

나를 부르며 유혹한다

영겁永劫의 인연으로
필feel이 꽂혀 헤어나지 못했다

한 퉁자

두서너 명이 모이면
왁자지껄 욕으로 한 순배 돌린다

돌아오는 순배를 놓칠세라
번쩍이는 눈동자들

두 순배
세 순배
그리고 한 퉁자 비워지면

바람 따라 노니는
느티나무 잎 따라

가벼워진 촉수
흐느적거리는 가장이들
도깨비에 홀린 참지 못하는 신바람
황소의 되새김질 같은 입길들

서쪽 하늘이 멍들어 갈 때까지
막내아들이 팔을 잡아끌 때까지
한 퉁자의 위력은 계속된다

점점 흐릿해져 가는
아내의 소리 없는 통곡은
파장 없이 어둠 속에 뿌려지고 있다

그날 밤 등불은 새벽 무렵에야 눈을 감았다

*통자 : 한말들이 술통(강원도 방언)
*입길 : 이러쿵저러쿵 남의 흉을 보는 입의 놀림

뒤꿈치 공화국

왕조 때는
관원들 뒤꿈치

건국 초기에는
가난의 뒤꿈치

군사정권 때는
군화 뒤꿈치

국민의 정부 이후에는
이데올로기Ideology
뒤꿈치

지금은
포퓰리즘Populism의
뒤꿈치에 밟혀

대중들만
퍼렇게 멍들어 간다

의자1

앉을 때

계산했어야 했다

내려올 날을

의자2

아버지는
회전의자

어머니는
안락의자

나는 항상
의자의 짐이었다

의자3

앉을 때는

따뜻하고 흐뭇했다

취해 있었기 때문에

번개 치던 날

의자의 가시를 보았다

의자4

남의 의자

화려하게 보일 때

내 마음은

이글거리고 있었다

악마의 유혹이었다

의자5

높은 의자는
멀리 보이고
화려해 보이지만
내려올 때는
힘들고 아픔도 크다

낮은 의자는
멀리 볼 수 없고
초라하지만
내려올 때는 가볍고
더 오르고 싶은
꿈이 반짝이고 있다

내 곁을 맴도는
꿈은
의자의 높이로
천당과 지옥의 문을 열고 있다

의자6

앞산祝靈山 바라보며
태양을 꿈꾸던 시골아이

뒷산天摩山 오르내리며
세상을 품었던 가난한 소년

나무로 된 것
철재로 된 것
고정된 것
회전하는 것
가리지 않고
제일 큰 것이 내 것이라고
생각했던 의자 바라기 맹萌소년

버린다 버린다 하면서도
내려놓을 수 없는
꿈꾸지 못하는 꿈

언제나 떠돌고 도는 인생
그 삶이
나의 것이라고 여겨질 때

누구든 앉으면
당신을 받들어 모신다는 것을
알았을 때
나는 당신에게서 멀어지고 있었다

높은 곳에서
떨어지면
높은 만큼 고통이 더 크다는 것을 알았을 때
나는 당신을 쓰레기통에 처박았다
울면서

회전의자

긴 세월
내가 다가가는 것을
거부하던 당신

짧은 시간
나를 안고 빙글빙글 돌고
하늘 구경시켜 준다고 귀를 추어올리더니

언제 그랬냐는 듯
얼굴 돌리고
던져 버린다

당신이 그곳에 있는 한
또 다른 나를 안고
빙글빙글 돌아가며
세상을 준 것처럼 떠들겠지만

찰나에
악마의 이빨로
떨고 있는 엉덩이에
쏠라닥쏠라닥 속삭이겠지

출세…… 그것 참……

삶의 회한

병원에서
소문났다는
뜨거운 울음소리

학교에서도
널리 퍼졌다는
모범생이라는 소리

사회에서도
자자했다는
법 없어도 살 수 있는 사람
성공했다는 소리

관속에서
후회했다는 소리
인생
내 뜻대로 살고 싶었다라는 말

일출

긴 밤

달궈진 몸

동해에

목욕하고

새길 떠난다

임자 잃은 백사장

해당화 한 송이

붉게 피어난다

제5부

허공에 묻다

참깨 털기

톡 톡

도리깨로 참깨를 털다가

내 손등에 박히는 깨알을 보며

내 나이 올해 몇인가

손가락을 꼽아보기도 한다

*손등에 박히는 참깨 : 검버섯

짝사랑

미소를 띄웠다

그러나
그 미소를 받는 사람이 없다

내가 보낸 미소가
낯선 곳에서 홀로 방황하며
누가 볼세라,
붉어진 마음 하늘 높이 뛰어오르는데

방금 하늘에서
별똥별이 길게 선을 그었다

그리고 비가 내렸다

수종사 5층 석탑을 훔치다

보물이 있다는 소문을 들었다
유체이탈 된 뱀 같은 길을 따라 민달팽이 걸음으로 엉금엉금 보물을 훔치러 간다. 헉헉거리며 숨이 턱에 찰 무렵 뒤돌아보니 높고 낮은 봉우리들이 내가 일군 들녘의 솟대처럼 서 있고 두 개의 봇물 줄기가 물을 대주듯 소방호스처럼 길게 늘어서 있다. 가슴이 확 트였다
해탈에 이른 것인가

해탈문 앞에 선다
오백 년 동안 수문장으로 봉직하며
꽃을 피우고 자리를 누려온
은행나무가 실눈을 뜨고
나의 몸을 수색하듯 위아래로 훑어본다
날마다 날마다 오가는 사람을 검문했으리라
저녁이면 달빛과 기도하러 오는 산짐승과 스쳐 가는 구름과 풍경 소리까지 품었으리라

보물이 보인다
누가 볼세라 마음에 담고 그곳을 떠나려 하는데 보물 훔쳐 갈 것을 알았는지 어느 스님이 목탁을 두드리며 관세음보살 나무아미타불

두근두근 내 마음 요동친다. 첫사랑 소녀를 속으로 간음하
다 들켰을 때보다 더 큰 요동이다. 얼굴이 화끈 달아오른다

얼른 돌아서 내 소유의 들녘을 돌아보며 마음 잡는다
저 모든 것이 다 내 것이거늘 어찌 이런 검버섯 만개한 것까지
탐하려 하느냐 했지만, 그건 나를 덮으려는 수작에 불과했다
결국 나의 작은 눈으로는 보물을 훔칠 수가 없었다

마음만 부자가 되어 돌아왔다
보물은 오늘도 그 자리에 서서 또 오백 년을 꿈꿀 것이다

이별 여행이 남긴 것

떠난다
길을 떠난다

아픈 사랑의
그림자를 품고 간다

바람이 불어대는
개활지에서 망설이다
종심 깊은
골짜기에서 서성대다
하늘 맞닿은
산 위에서 결심하고

그곳에
아픔을 내려놓고
도망치듯 달려왔더니

구천九泉을 떠돌던
아픔까지

나의 동행이 되어

따라왔다

떠날 때보다
돌아왔을 때
아픈 사랑은 더욱
도도해져 있었다

톨게이트 연가

톨게이트에 가면
차창 너머로

"안녕 하십니까?"
아침 햇살에 꿈을 담은
싱그러운 인사에

가슴 울렁이는
기쁨이 있어
얼굴 달아오르는
미소가 생겨난다

톨게이트에 가면
차창 너머로

"어서 오세요"
별 밤에 반짝이는
눈빛이 있어

설레는 마음에
가슴 뛰는 사랑이 생겨나고

상상의 공간을 유영하는
기쁨이 생겨난다

고운 눈빛
동전과 지폐
영수증 속에
삶의 노곤함이 배어나지만

그래도
톨게이트에는
사랑이 오가는 손길이 있다

소리

법당 안에는
독경 소리

처마 끝에는
풍경 소리

석탑을
에돌고 있는
염불 소리

모두가
하나 되어
부처가 되어가는 소리

영흥대교에서

마음의 고향이 그리워
바닷길 건너
휘황찬란한 영흥대교의 빛을 찾아 나선다

바닷물의 속삭임도 잠들고
갯벌의 향수만이
나그네 되어 떠도는 시간

불나방 되어
별빛을 찾아 뛰어들었지만
잡을 수 있었던 것은
소금기 배어 있는 바람 소리뿐

빈 마음
맨손으로 돌아간다 해도
우리는 웃으며 돌아서자

마음의 고향을 찾아
이곳에 왔다
내 체온을 내려놓고 가는 것
그것만으로도
향수의 모퉁이를 채울 수 있지 않은가

여성 의류 상점

미끈한 다리
날씬한 허리
모나리자의 미소는 없어도
심장이 미동을 하지 않아도
시선을 잡아끄는 곳
발길을 멈추게 하는 곳

잠자리가 날아와 앉은 듯
매미가 비상하려는 듯
천사의 날개를 걸쳐 놓은 듯

숨을 죽이게 하고
가슴 떨리게 하고
손을 뻗어 확인케 하고
팔을 벌려 걸치게 하고
블랙홀처럼 빠져들어 소유케 한다

그곳에는
미의 여신이 있고
여인들의 삶의 원천이 있고
스트레스를 날려 버리는 마술이 있고

엉덩이를 주저앉히는 끈끈이주걱이 있고

황홀한 여인을 출산하고
날개 하나로
행복한 삶을 가꿀 줄 아는
멋이 있는 곳이다

노천카페

차가운
밤기운이 내리는 날
시골길 옆
창 넓은 카페에서
밖의 어둠을 바라보는
우수에 찬 눈동자

누군가를
애타게 기다려 보지만
그 사람은 오지 않고
지나치는 바람만 창문을 흔들고 있다

카페주인이
호객꾼으로 채용한
깜빡이 전구들이 졸린 눈을 참아 가며
가끔 지나가는 차량을 향해
깜빡, 깜빡, 유혹해 보지만
못 본 척 그냥 스쳐 버린다

카페 입구
늙은 모과나무에 기대선

목이 긴 벽부등이
올 손님 다 왔다는 몸짓으로
거드름을 피우고
고개를 흔들어 대면

노천카페는
우수에 찬 눈동자를
껴안은 채
서서히 어둠의 유혹에 빠져들고

무대엔 통제 되지 않은 음악 소리만
꽝! 팡! 빵!
빈 찻잔에 가득 고이고 있다

제행무상諸行無常

세월은
허공을 맴돌다
나를 품어 꽃이 되고

마음은
이심전심 떠돌다
내 혀로 기도가 되고

육신은
역마살을 타고
구천과 이승을 넘나들며
번뇌의 보살이 되니

법法의
자비로
세상과 맺은 인연이지만

불성佛性없는
자아自我는
제행무상諸行無常이로다

*법 : 부처의 가르침 · 계율
*불성 : 깨달음에 도달할 수 있는 잠재력
*제행무상 : 영원한 존재일 수 없는 이 세상의 존재 또는 형상에 실체가 있을 리 없다는 의미

풍경風磬 소리
–천등산 고암사

갈바람이
풍경風磬을
사주하여 시간을 깨운다

댕그랑
댕그랑

산사山寺에
찾아든 손님을 맞이하는
부처님의 가피加被인가

댕그랑
댕그랑

기도를 올리던
나무와 풀
그리고 석탑이
두 팔 벌려 손님을 반긴다

댕그랑
댕그랑

불경 소리
산사를 감싸고
나뭇잎과 바위를 에돌다

번뇌를 안은 채
땡감으로 주렁주렁 맺혀
보시布施로 해탈할 수 있기를 기도한다

댕 그 랑
댕 그 랑

풍경의 향기가
무아無我의 세상에 가득하다

승탑僧塔

이끼 서린 고탑古塔

해탈의

문 앞에서

중생들을 위한

나무아미타불

이승의 꽃과 나무였네

성공

좋은 책
좋은 글 찾아
읽고, 쓰고

마음속의 작은
편견일랑 지워버리자

그래서
마음이 편해진다면

그것이 곧
깨달음
뜻을 이룬 성공이겠지

한 줄 편지

나는 오늘도
한 줄 편지를 쓴다

전화는 언제나 열려 있지만
혀의 놀림보다
한 획
한 글자
곱게, 곱게 적어
마음을 전하고 싶다

체온이 담긴 편지
혈흔으로 전달 될
내 진심을 담은 한 줄 편지

지금도 나는 한 줄 속에 담겨 있다
지금 나는 나의 전부다

허공에 묻다

길을 가다가
폐지를 줍는 어르신을 만난다

안타까운 마음에
"어르신 힘드시지요"라고 말하려다
"똥 묻은 개가 겨 묻은 개 나무라기"
같아 멈칫한다

어쩔거나
바람을 가르며
허공에 몸을 던질 수밖에

*동장 재임 시 관내 순찰을 돌면서 만나는 일상의 민화 같은 이야기

갠지스 강

갠지스 강

신들을

낳고 품은

혼돈의 자궁이다

*전체 길이는 2,506km, 유역 면적은 840,000km이다. 갠지스 강(상류)은 힌두인에게 성스러운 강이며, 바라나시나 하리드와르와 같은 힌두 성지를 거쳐 흐른다.

인도 맛보기

기대

궁금

환희

그리고 침묵 8분 9초

*2014년 10월 7일부터 15일까지 8박 9일 동안 인도를 여행하였다. 그 시간을 8분 9초로 잡았다.

쌍무지개

장마지는 날이면
나에게 달려와
물놀이 가자던 희야

흙탕물 넘실대는
개천을 따라
검정 고무신 벗어
송사리, 미꾸라지, 피라미를 잡고
콧노래 흥얼거리며
꿈과 세월을 키워가던 우리들

어느 날
희야는 부모를 따라
내 곁을 떠났다

지금도 장마 오는 날이면
희야의 모습과
흙탕물이 지천으로 넘쳐나는데

희야는
어느 개천에서

장마 놀이를 새김질하며
나처럼 세월을 잊어 가고 있을까

장대비
내리는 날
쌍무지개 뜬 하늘에선
추억을 펼치며
마음껏 뛰어놀고픈 아이들을 부르고 있는데

장마가 가기 전
희야를 찾아
쌍무지개 위를 달려가고 싶다

수동학원이여 영원하라

축령산 큰 바위를 눈 속에 넣고
천마산 푸른 숲을 가슴에 안아
한가람 깊은 물골
양지바른 언덕에
배움의 씨앗을 뿌린 것은
하늘의 뜻이었고
물골의 일이었다

배고픔 참아가며
강추위도 이겨내고
맨손, 맨주먹으로
두 눈 부릅뜨고 세운 수동학원
실천의 역군이 되기 위해
먼 길을 달려왔고
민족의 지침이 되고 있다

수동학원은 학교가 아니다
물골의 정신이고
물골의 일터다
물골인의 안식처이며
물골인의 부모이다
물골인의 일용할 양식이다

아니다 물골인의 생명이다

우리는 받들자
면면히 이어온 수동학원의 얼을
물골에 메아리치는
역동의 함성을
솟아오르는 뜨거운 수동의 불기둥을
수동학원을 거쳐 간
물골인들의 활화산 같은 열정을

그렇다
수동학원은 꿈이고 미래다
오늘은 꿈꾸라 내일을 위해
수동학원이여
물골인들이여
수동학원을 거쳐 간 사람들이여
서로 얼싸 부둥켜 안고
목이 터지도록 외치자

수동학원이여 영원하라!
수동학원이여 영원히 빛나라!

제 몫

입사한 지 오래되고 잘난 놈은
과장으로

입사는 늦었어도 똑똑한 놈은
팀장으로

입사와 관계없이 유능한 놈은
주무관으로

이것도 저것도 아닌 놈은
고문관으로

모두 제 몫은 있는 모양이다

조규수의 시 읽기
– 토속적인 소재로 독자의 감성 사로잡기

김용언
(시인·한국현대시인협회 이사장)

조규수의 작품을 대하기 전에 조규수라는 시인의 인성을 먼저 알게 되었다. 처음에는 그가 시인이기 전에 시사를 다루는 칼럼니스트 정도로 인지하고 있었으며, 오랫동안 공무원 생활을 하면서 틈틈이 작품을 쓰는 그를 보면서 참으로 부지런한 사람이라고 생각했었다. 그러다가 남양주에 거주하는 시인들의 동인지 「글핀샘 문학회」에 동참하면서 그의 글을 접하게 되었다. 그러던 중 유월 초순쯤 등단 10여 년 만에 시집을 낸다며 원고 뭉치를 불쑥 내밀며 시해설을 부탁했다. 100여 편이 조금 넘는 작품이었다. 우선 그의 시의 모티브를 살펴보았다. 시의 제목에서 시사하는 바와 같이 그의 작품은 몇 가지 유형으로 구분할 수 있었다.

부인에 대한 애증과 사물에 대한 사랑(모티브 1), 어머니에 대한 그리움과 회한의 정(모티브 2), 시인 정서 속에 내재하는 흙의 모티브 (모티브3), 현실비판(모티브 4)이 작품의 모티브요, 주요 테마다.

우선 사랑을 주제로 한 작품을 통하여 시인이 무엇을 시사하려 했는지 살펴보기로 한다.

사물에 대한 사랑과 시적 변용

언어란 인간이 누릴 수 있는 고유 사유물이다. 굳이 언어의 정의를 피력하지 않아도 어떤 생명체가 범접할 수 없는 영역임에는 틀림없는 사실이다. 시인은 인간의 고유 사유물인 언어를 사용해 시를 쓴다. 언어 자체에는 감성과 지성이 내재한 것은 아니지만 시인이 언어를 조합해 놓으면 그 속에 감성과 지성이 살아난다는 사실은 매우 흥미롭고 재미있는 사실이다.

우리는 시를 읽으며 시 속에 내재된 시인의 감성(느낌)과 지성(사물에 대한 성찰)을 찾아낸다. 그런데 만약 시를 인간이 아닌 기계(컴퓨터)가 쓴다면 충격이 아닐 수 없을 것이다. 詩를 쓰는 AI라는 제목에 MS 인공기능 '샤오빙'이라는 기사를 보고 충격을 받았다. 중국에서 현대시 수천 편을 기록한 후 1만여 편의 시를 창작했다는 해외 토픽이었다. '눈물이 앞을 가리네/ 내 삶은 예술/ 저녁노을이 구름을 가린다/ 손을 모아 기도한다.'

위의 시는 인간이 창작한 시가 아니라 마이크로소프트(MS)가 중국에서 운영 중인 인공지능(AI) 챗봇 '샤오빙이 쓴 시의 한 편이다. 지난 해에는 시집 「햇살은 유리창을 잃고」를 출간하기도 했다. 물론 샤오빙은 1920년 이후 중국 현대 시인 519명의 작품 수천 편을 머신러닝을 통해 학습한 후 1만여 편을 쓸 수 있었지만 이는 창작이 아니라 언어의 조합으로 보아야 할 것이다. 언어의 조합이냐 감성의 조합이냐 하는 문제까지는 거론하지 않았지만, 감성의 조합이 아니라 단순 언어의 조합이기만을 바라는 마음이다. 만약 감성을 조합하여 시를 지었다면 언어의 조합이 아니라 창작이라고 볼 수 있기 때문이다.

즉 시는 언어 속에 감성이라는 생명체를 불어넣었기 때문에 시를 읽으며 감동을 하고 시인의 정신 세계를 공유할 수 있는 것이다. 즉 시는 언어를 조합하여 생명체인 감상을 불어 넣는 작업이라면 샤오빙이 쓴 시와 구별이 될 것이다.

조규수 시인의 작품은 대체로 짧으면서도 그 짧은 언어의 조합을 통하여 사랑이라는 메타포를 접할 수 있다. 사랑이라는 추상적인 언어를, 몸소 체험한 경험을 현실화하여 소탈하게 보여 주고 있다. 소탈한 감정 표현이기 때문에 공감이 쉽게 가는 편이다. 그는 현대 많은 시들이 진행하고 있는 언어의 물리적 교합이나, 언어의 폭력을 배제하고 솔직 담백하게, 현실을 이야기하듯 우직하게 작품을 쓰는 편이다. 그의 작품에는 시인이 갈구하는 사랑에는 사랑에 대한 갈구渴求와 베풂이 절실하게 나타나 있다.

처음 보았을 때
내가 반했다

결혼했을 때
사랑스럽게 예뻤다

열반에 들 땐
나와 함께 영생할
집을
내 손으로 지어주고 싶었다

–「아내1」 중에서

위의 시에 나타난 시와 그 외에 부인에 대한 사랑 표현은 대체로 시간적 흐름의 구성으로 소박한 평상의 언어로 통하여 작품을 엮은 것을 볼 수 있다. 시적 기교를 배제하고 솔직 담백하게 표현한 것이 우직스럽기까지 하지만, 그렇기 때문에 읽는 사람에게 공감을 주고 쉽게 접근할 수 있는 장점이 있다. 그는 아내에 대한 사랑을 작품 「아내2」에서 '구수하다// 짭잘하다// 군내가 난다// 아내는// 오래 묵은 장맛 같다// 가시가 있다'라고 표현하고 있다.

'가시가 있다'라는 시구를 읽으면서는 토속적인 한국 남자의 우직한 사랑을 발견할 수도 있다. 이외에도 자연에 대한 사랑은 관조하는 자세가 아니라 직감하는 자세로 쓴 작품이 눈에 띈다.

분홍꽃이 피었다
그 위에 하얀 나비가 입맞춤한다

꽃잎이 파르르 떤다
진통이 시작된다

금년 매실은
하얀 나비가 다 먹어 치웠다

—「매실꽃」 전문

조 시인은 아내에 대한 사랑, 자연에 대한 사랑, 피붙이 등 모든 사물에 대한 사랑의 정의를 「사랑」이라는 작품을 통하여 짧게 정의 내리고 있다.

사랑은

처음이요

마지막이다

—「사랑」 중에서

고향에 대한 서정과 어머니

어머니에 대한 사랑은 귀소 본능에 가까울 정도다. 시인의 사람의 목표이면서 사랑의 둥지가 되는 감성을 어머니를 통하여 적나라하게 표현하고 있다. 조 시인의 유년 시절과 성인이 된 시점에서도 강물처럼 흐르는 정서의 근간을 어머니라는 모티브를 통하여 찾아볼 수 있다.

어머니
귀뚜라미 우는 밤이면
은하수를 따다

다식을 찍으셨지요

큰 손자가
좋아하는 흰 다식

작은아들이
즐겨 먹는 갈색 다식

막내며느리가
너무 예쁘다고 호들갑 떨던
분홍 다식

혹시나
찾아올
자식을 위해
정성으로 곱게 찍어

갈바람 향기를 묻혀
싸리문 밖
들국화 가지 끝에 놓아두셨지요

-「들국화」 전문

들국화라는 소재를 통해 표현하고자 했던 어머니가 자식에 대한 사랑의 색깔은 다식의 색깔을 통하여 자상하게 은유하고 있다. 손자에 대한 사랑, 자식에 대한 사랑, 며느리에 대한 애정을 흰색, 갈색, 분홍색으로 표현하고 있는데 이는 자상하면서 애정어린 어머니의 손맛까지 느끼게 하는 대목이다.

그러면서도 어머니에 대한 그리움과 회한의 정을 「새로 쓰는 농업 사전1」에서 '어머니/ 당신이 쓰신 농업 사전은/ 오래전에 막을 내린 연극 같은 것입니다/ 당신께 드릴/ 농업 사전을 새로 쓰고 있답니다'라고 표현하고 있다. 즉 어머니 시대는 갔으나 어머니에 대한 사랑이 근간이 되어 그 사랑을 답습하고 있다는 역설이기도 하다. 즉 어머니는 떠났으나 큰 물줄기는 연연히 흐르고 있음을 뜻하는 대목이다. 역설로 '당신이 쓰신 농업 사전은 이제는 박물관에 보관되어야 할 유물'이라는 역설은 농촌의 농가구라는 소재 똥장군, 지게, 호미, 낫, 풍구 등을 통하여 어머니의 사랑을 다시금 불러오는 것이다. 이는 농기구뿐만 아니라 일상의 식탁에 오르는 산나물인 원추리, 산더덕, 돌미나리, 고사리, 수리취라는 소재를 통하여 맛의 미각까지 떠올리는 모습은 귀소 본능의 마음이며 자연 회귀의 시심을 상기시키는 것이다.

시인의 정서 속에 내재하는 흙의 모티브

조 시인은 자연에 대한 애정이 남다르다.

뚱딴지를 심었다

노란 꽃이 피었다

아버지의 흐뭇한 표정

올해는 자식들이 좋아하겠시

아버지의 뚱딴지같은 생각

–「뚱딴지2」 전문

뚱딴지(일명 돼지감자)란 소재를 통하여 아버지의 보이지 않는 미소를 엿볼 수 있다. 그러면서 위트의 단면인 '아버지의 뚱딴지같은 생각'을 엿볼 수 있는 작품이다. 이 작품 역시 흙에서 느낄 수 있는 농심과 아버지를 적절하게 매치시킨 작품이라 말할 수 있다.

시인은 자연에서 얻는 감수성이 예리하다 못해서 뽑아내야 할 잡초를 보면서도 감동을 받고 아름다움을 찬미하는 자세다.

이슬 내리던 날

채마밭이
점령당했다고 전갈이 왔다

달려갔다

으 – 윽
나를 위협하는
어머니의 영토를 점령한
반란군

화염방사기를 쏜 것 같은
에메랄드의 향기
숨이 막혔다

–「달개비의 꿈3」 전문

시적 기교가 없으나 한 편의 동화를 읽는 느낌을 준다. 솔직하면서도 꾸밈이 없는 시인의 자연에 대한 사랑, 즉 흙냄새 풍기는 서정적인 작품이다. 장마 뒤끝의 무성한 잡초를 보며 놀라는 것이 아니라 오히려 잡초인 달개비를 보며 감탄을 하는 것이다. 눈으로만 감탄하는 것이 아니라 달개비꽃의 향에 취하는 시심은 바로 흙이 인간에게 베푸는 고마움의 표현이기도 하다.

그러면서도 '비 오는 날/ 농부는 흥겨워 한 잔// 하늘을 쳐다보며/ 고맙다고 한 잔// 땅을 만져보고/ 촉촉하다고 한 잔// 풍년 든다며/ 행복해서 한 잔' 하면서 자연에 대해 감사하는 마음을 엿볼 수 있다. 이런 시심은 바로 작가가 자연, 즉 흙이라는 모티브에서 얻은 감사와 고마움의 표시인 것이다.

현실에 대한 직관과 자아 성찰

조규수 시인의 세상 바라보기는 낮은 곳에서부터 시작된다. 가난하고 마음 아픈 사람에 대한 여린 마음을 작품 곳곳에서 만날 수 있다. '길을 가다가/ 폐지를 줍는 어르신을 만난다…중략…바람을 가르며/ 허공에 몸을 던지는' 시인의 세상 바라보기를 보며 그의 끈끈한 사랑을 읽게 된다. 그러면서도 느리게 가는 기차를 타도 목적지에 도달하게 되는 자연의 순리를 제시하고 있다.

입사한 지 오래되고 잘난 놈은
과장으로

입사는 늦었어도 똑똑한 놈은
팀장으로

입사와 관계없이 유능한 놈은
주무관으로

이것도 저것도 아닌 놈은
고문관으로

모두 제 몫은 있는 모양이다

–「제 몫」 전문

시를 평가하기 전에 시에 나타난 시인이 남기려고 한 것은 굽은 소나무가 고향을 지키는 의미를 시사하고 있는 것이다. 한편 사회의 냉랭한 단면을 비판하기도 한다. 회전의자라는 작품에서는 이율배반적인 사회의 모순을 제시하고 있다. '긴 세월/ 내가 다가가는 것을/ 거부하던 당신// 짧은 시간/ 나를 안고 빙글빙글 돌고/ 하늘 구경시켜준다고 귀를 추어올리더니// 언제 그랬냐는 듯 얼굴 돌리고…중략…찰나에/ 악마의 이빨로/ 떨고 있는 엉덩이에/ 쏠라닥쏠라닥 속삭이겠지…생략…' 이 작품은 방관의 자세가 아니라 비판의 목소리를 담은 것이다. 그러면서 「의자1」에서는 '앉을 때/ 계산했어야 했다/ 내려올 날을' 라며 자신에 대한 성찰을 보여주고 있다.

조규수의 시 읽기

전술한 바와 같이 조규수 시인의 작품은 담백하다. 기교를 부릴 줄 모른다. 그러나 민달팽이라는 시를 통해서 시인의 적나라한 모습과 그의 작품을 감지할 수 있다.

민달팽이가
집을 구하러 길을 나섰다
맨손뿐인
민달팽이는 가는 곳마다
입이 떡 벌어졌다
엉금엉금
이곳저곳
다녀보아도
보이는 것은 놀라운 세상

그때
눈 앞에 보이는
철로변에 걸려 있는 현수막 하나
"달팽이도 집은 있다
역세권
한 평에 600만 원
마지막 기회"
왜
나는 마지막 기회까지도
누릴 수 없는
민달팽이가 되었을까

— 「민달팽이」 전문

즉, 시인은 민달팽이를 통하여 세상 바라보기를 전이하고 있다. 낮은 자세로 살아가려는 시인의 마음이기도 하다. 자칫 세상살이를 비탄하는 듯 보이지만 작품의 내재된 의도는 세상의 부조리와 타협하지 않으려는 의지의 단면을 보여 주는 것이라 볼 수 있다. 조 시인은 그러한 정서를 「민달팽이의 삶」란 작품에서 감지하게 된다.

'한 걸음 가고/ 앞뒤 한 번 쳐다보고// 촉수 한번 세워 보고/ 둘레둘레 둘러보고// 가고 싶은 곳은/ 꼭 가고야 마는/ 느려터진 민씨 집안의 달팽이씨/ 가진 것 하나 없고/ 급한 것 하나 없고/ 몸 숨길 곳/ 하나 없어도/ 유유자적 행복한 삶/ 입신의 경지일세'라며 자신의 의지를 천명하고 있다.

조규수 시 쓰기는 대부분 토속적인 향수를 바탕으로 하고 있다. 「고향3」이라는 작품을 보면 옹기그릇의 투박한 질감을 느낄 수 있다 '술동이를 이고/ 앞산으로 마구 달려가며/ 밀주단속원을 따돌리던/ 명수네 아주머니// 장작과 청솔가지를/ 볏짚으로 가리며/ 산림감수 떴다고/ 이장 방송하듯 떠들어 대던 봉산 엄니// 서석이네 재수굿 한다고 동네방네 다니며/ 굿 구경 가자고/ 동네 아주머니들 꼬시기 하던/ 두성이 모친…후략' 위의 작품은 1960년 무렵의 민속화를 보는 느낌을 준다. 이처럼 토속적인 모티브를 바탕으로 하면서도 때로는 해학적인 작품도 눈에 띈다.

왕조 때는
관원들 뒤꿈치

건국 초기에는
가난의 뒤꿈치

군사정권 때는
군화 뒤꿈치

국민의 정부 이후에는
이데올로기(Ideology)

뒤꿈치

지금은
포퓰리즘(Populism)의
뒤꿈치에 밟혀

대중들만
퍼렇게 멍들어 간다

－「뒤꿈치 공화국」

위의 작품에서 보듯 세상을 바라보며 촌평을 하고 있다.

총체적으로 조규수의 시 쓰기를 보면 주 테마가 고향에 대한 향수와 어머니와 부인에 대한 애증의 문제와 자연에 대한 사랑 그리고 사회를 낮은 자세로 바라보는 것을 꼽을 수 있다. 시적 변용이나 기교는 담담한 편이지만 우직하고 뚝심 있는 표현이 시를 읽게 하는 원동력인 듯싶다. 조금 더 탁마한다면 독자의 정서를 살찌우는 작품을 창작할 것이라고 믿는다.

그림과책 시선 165

별이 솟았다

초판 1쇄 발행일 _ 2017년 8월 25일

지은이 _ 조규수
펴낸이 _ 손근호

펴낸곳 _ 도서출판 그림과책
출판등록 2003년 5월 12일 제300-2003-87호

03030 서울 종로구 통일로 272, 210호 송암빌딩(무악동)
도서출판 그림과책
전화 (02)720-9875, 2987 _ 팩스 (02)720-4389
도서출판 그림과책 homepage _ www.sisamundan.co.kr
후원 _ 월간 시사문단(www.sisamundan.co.kr)
E-mail _ munhak@sisamundan.co.kr

ISBN 978-89-94753-63-8(03810)

값 10,000원

◆ 잘못된 책은 교환해 드립니다.
◆ 저자와의 협의로 인지는 생략합니다.

이 도서의 국립중앙도서관 출판예정도서목록(CIP)은 서지정보유통지원시스템 홈페이지(http://seoji.nl.go.kr)와 국가자료공동목록시스템(http://www.nl.go.kr/kolisnet)에서 이용하실 수 있습니다.(CIP제어번호: CIP2017020373)